Jean VAUDON

Lauréat de l'Académie Française

Pêcheuse de Truites

UNE VALLÉE NORMANDE

TOURS
21, QUAI PAUL-BERT
1913

Pêcheuse de Truites

UNE VALLÉE NORMANDE

Jean VAUDON

Lauréat de l'Académie Française

Pêcheuse de Truites

UNE VALLÉE NORMANDE

TOURS

21, QUAI PAUL-BERT

—

1913

I

Voici un an qu'elle est morte, ma pauvre chère sœur, restée veuve avec deux enfants. En s'en allant chez le bon Dieu, elle me dit : « Tu seras leur mère ! » Et, comme, surtout pour cacher mes larmes, j'attisais l'âtre qui s'éteignait, elle ajouta : « Les foyers se rallument, n'est-ce pas, au Paradis ! »

Tu comprends, ma chérie, si j'ai dû renoncer à l'avenir que je rêvais avec toi et préparais. Institutrice libre... Il eut fallu de grosses dépenses un an encore ou deux pour, finalement, bien peu gagner. Non pas certes que je tienne à l'argent ; mais, pour les petits, il en faut. Alors quoi ?... Je me suis faite... pêcheuse de truites... Tu écarquilles tes beaux grands yeux, mignonne, et même tu les frottes, je crois... Mais non, mon Henriette, tu as bien lu : Pêcheuse de truites...

C'est drôle, n'est-ce pas, presque autant qu'une femme méde-cin ou avocat. Que des hommes soient pêcheurs, personne n'y prend garde ; mais une femme !... Pourtant, je ne suis pas la première. Tu as vu des femmes pêchant des coques dans les sables du Mont Saint-Michel, des crevettes à Saint-Jean-le-Thomas. Et nous-mêmes, ensemble, n'avons-nous pas un jour pêché *le bouquet* au Sol-Roc sous Champeaux ? Mais, voilà, c'était par amusement. Tandis qu'aujourd'hui, pêcheuse de truites je suis par état.

Pêcheuse de truites... Sais-tu qu'il n'en faut guère de ce pois-son excellent pour une livre ; et qu'une livre se vend à Brécey ou à Saint-Pois, ici-même au restaurant Blanchère, 1 fr. 50 ? On me dit que les hôtels d'Avranches me la paieraient 2 francs ; mais Avranches est un peu loin. Or, des jours, j'en prends deux livres, même trois, parfois davantage... Et c'est du pain pour mes petits.

Adieu, amie très bonne. Tu voulais de mes nouvelles, en voilà. Ne laissons plus l'herbe croître sur le chemin de notre amitié. Surtout ne me plains pas. Remercie avec moi le Père qui est au ciel, et désormais, dans tes prières, fais mention des petits qui n'ont plus ici-bas ni père ni mère.

MARIE-MARTHE.

II

Que c'est bien toi, mon Henriette ! Ah ! brave cœur !... Ainsi tu vas m'écrire très souvent. Tes lettres me seront délicieuses. Grâce à toi, tout en restant paysanne — je le suis, je veux l'être, — je ne deviendrai pas... comment dirai-je ?... disons trop rustique. Oui, volontiers, tu entreras dans l'intime de ma vie, même et surtout de ma vie de pêcheuse. Je te raconterai mes journées, mes triomphes. Je te ferai connaître ma grande bienfaitrice, la rivière. Si tu savais comme elle est belle ! Je l'aime tendrement, par conséquent presque autant que toi... Ah ! tu n'as pas besoin de me provoquer à te parler souvent de mes petits ! Pauvres bien-aimés ! Jeannette a les yeux de sa mère, du bleu détrempé dans de la neige, et Jeannot le sourire aimant de ses lèvres pâles.

Pour l'instant tu veux savoir où gîte la pêcheuse.

Pars de Saint-Denys de Cuves. Prends la route de Brécey. Un peu au-delà du Pont-Halais sous lequel passe un ruisseau où je vais pêcher quelquefois, le Glanon, le *Llanon*, comme on prononce ici, remarque à gauche une barrière ; ouvre-la. Te voilà dans une prairie. Le sentier dans l'herbe est bien tracé. Suis-le. Il te conduit à l'un des bras de la Sée, ma rivière ! Tu le traverses sur un minuscule pont de bois. Une autre prairie ; un autre sentier. A l'orée du sentier, sur une petite place déserte, une maison. C'est là.

Sauf quelques pierres de granit à l'angle de gauche, le tout est
en torchis, comme du temps des Gaulois nos ancêtres, et cou-
vert en glui ; ici on prononce : *llieu.* Une porte à volet, une
fenêtre, un rosier de roses blanches, un pied de vigne qui court
en désordre et monte à l'assaut, un bouleau. Devant la maison
quelques pommiers, puis le cours principal de la rivière.

Si tu n'admires point ma chaumière, je suis sûre de ton enthousiasme pour le pont. Sans doute il est tout fracassé et, de là, un
peu branlant ; mais quelle riche houppelande de lierre ! Ce
vieillard en est comme réchauffé et rajeuni. A sa droite, un
têtard aux rejets verts et vigoureux ; à sa gauche des saules qui
ondoient jusque dans la rivière. — C'est ravissant ! — Tu as
dit : ravissant, n'est-ce pas ? J'étais sûre de ton enthousiasme.

De l'autre côté du pont, ce sont d'autres prairies, comme à ma
droite et à ma gauche. Le sentier tourne, et, en quelques pas, je
suis à l'église des Cresnays, ma paroisse très aimée ; toute petite
église qu'ombragent deux sapins. Il n'y a point de bourg, mais
une place plantée de tilleuls, au milieu de laquelle une large
pierre montée sur piliers ; elle sert au reposoir de la Fête-Dieu.
A la maison d'école ajoute une auberge. C'est tout. Le presbytère est un peu plus loin ; il voisine avec le cimetière. J'aime
ce voisinage. Presbytère et cimetière, deux laboratoires de vie.
Tous les deux sont abrités par des arbres et sentent bon les
fleurs.

T'ai-je bien donné cette impression que mon logis, mon église,
le presbytère et le cimetière, sont des solitudes où l'on entend,
où l'on comprend les voix mélodieuses du silence ? On y entend
aussi la voix sainte des cloches et tout l'orchestre des oiseaux...
Et comptes-tu pour rien, enfant distraite, le gazouillement de
mes petits !...

III

Dans les premiers temps, une fois bien décidée à mon métier,
je demandai quelques leçons à un maître pêcheur de Cuves.

Son père y est pharmacien ; son oncle médecin. Braves gens,
s'il en est au monde. Le meilleur de tous, c'est encore lui peut-
être, le grand Émile, comme familièrement on l'appelle. Il a toujours de bonnes paroles sur les lèvres, et un sourire qui provo-
que à la confiance. Tu devines bien, reine des bois, que ce n'est
point par nécessité qu'il affronte la rosée du matin ou les fraîcheurs du soir... C'est lui qui a coupé ma première gaule, noué
la cordelette de chanvre, attaché le crin final garni de petits
grains de plomb, choisi l'hameçon et je crois, palsambleu ! qu'il
a voulu y enfiler le premier ver. — « Vois-tu, Marie-Marthe, me
dit-il, c'est au ver qu'il faut pêcher aujourd'hui, car la rivière
est forte et elle est trouble... A présent que te voilà bien armée,
je vais aller avec toi pour te montrer où la truite se tient, par un
temps comme celui d'aujourd'hui. Nous étions sous le préau de
la maison d'école des filles. La chère Sœur qui est mon amie,
riait de bon cœur. — « Allons maintenant dans le grand pré à
Couétil. Les abords de la rivière y sont faciles : il n'y a pas trop
de broussailles. En outre, la Sée y court ; elle y dort ; elle s'y
resserre ; elle s'y étale. C'est donc un endroit parfait pour une
première leçon et un premier exercice. » Puis sur place, mon
maître m'explique que, par ces temps, la truite ne se tient pas
dans les forts courants, mais dans les remous et sous la rive,
près des troncs d'arbres. Après quoi, pour ne pas m'intimider
dans mes inévitables gaucheries, il s'en va, sa ligne sur l'épaule,
à grandes enjambées, à travers la prairie, saute un talus, et disparaît dans le pré voisin.

... En deux heures je n'en pris qu'une ; mais qu'elle était belle :
des mouchetures rouges, et de l'argent, et de l'émail, et de l'or !
Etais-je contente !

Plusieurs fois j'avais senti que ça mordait, et alors je frémis-
sais presque autant que ma ligne elle-même. N'était-ce que des
vérons qui mordillaient ? Ou bien avais-je souvent tiré trop tôt ?
Au moins une fois, car j'enlevai d'un coup sec une petite truite
qui, n'étant pas accrochée suffisamment, replongea vite dans la
rivière. — « Toi, ma belle, lui dis-je, je te repincerai. » Mais je
n'y compte guère.

Dès que j'aperçus mon maître qui revenait vers moi, je courus vers lui, voulant lui faire, tout frissonnant, l'hommage de mon premier butin. — « Pour madame votre mère », lui dis-je. Et le bon Emile, heureux de mon succès et fier de son élève : « Je n'en ai pas pris d'aussi belle ; mais j'en ai six, plus une anguille. Je t'apprendrai aussi à pêcher l'anguille. Nous allons partager. Celle ci pour toi ; celle-là pour Jeannot ; cette petite pour Jeannette. Tant qu'à l'anguille et à ta belle truite, porte-les à la Noblerie et dis à l'*Artiste* que, ce soir même, son ami Jean Davranches ira dîner chez lui et que c'est moi qui t'ai priée de l'en prévenir... Tu auras là, du moins à de certains jours, une bonne pratique. »

Et telle fut, mon Henriette, ma leçon première et ma première pêche.

... C'est moi qui fus embarrassée quand l'Artiste me dit, après compliments sur les deux pièces : « Et combien la pêche, mademoiselle ? » Combien ? Je n'y avais pas même songé, et je n'en savais rien... Il appelle : « Madame ! » — Madame, c'est Victorine, sa servante. — « Pesez-moi ces deux poissons, s'il vous plaît. Mon ami Davranches me fait l'honneur d'annoncer sa visite pour ce soir ; préparez-vous à le régaler. » Victorine rentre : « Monsieur, la truite pèse deux livres bon poids ; l'anguille deux livres et demie... — C'est bien, Madame... Je vous remercie, Mademoiselle, d'avoir pensé à nous... A une autre fois... *Good bye !* » Et l'Artiste, dans la poignée de main qu'il me donne à l'anglaise, a glissé une pièce de dix francs...

Jeannot, Jeannette et moi, tout comme l'Artiste et son ami Davranches, fîmes un souper succulent. Pour que rien n'y manquât, je retournai dare dare, plutôt courant que marchant, dans le pré à Couétil où j'avais remarqué au long d'un ruisseau la plus verte et la plus fraîche des cressonnières... Souper royal, te dis-je, pour fêter l'ouverture de la pêche, régaler les petiots, et faire honneur au grand Emile !

IV

D'où elle vient, ma rivière ? Du pays d'amont ; les deux Chau
lieu, Saint-Sauveur et Saint-Martin, nos Pyrénées à nous, collines de trois cents mètres d'une grâce charmante. Elle dévale
sur les pentes en plusieurs ruisselets qui s'éparpillent d'abord,
cherchant leur route, puis se rejoignent aux environs de Sourdeval le bien nommé : *surda vallis ;* nous comprenons ce latin-là.
Dans « la sourde vallée », elle traverse les beaux paysages de
Brouains, qui changent à vue d'œil, se renouvellent toujours et
ne se ressemblent jamais. Elle les anime de son sourire, de son
éclat, de son écume, car elle se précipite, la petite voyageuse,
et ne perd point son temps, comme tant de femmes, à flâner.
Non, non. Vivement, elle actionne les fabriques qui se sont éle-
vées sur ses bords et, si elles font plus de bruit que de besogne,
je t'assure que ce n'est point sa faute. Au sortir de Chérencé-le-
Roussel, s'étant accrue en route de filets d'eau limpides comme
elle, elle se met à faire la dame, la grande dame, s'élargit dans
les prés, les mange au besoin pour s'élargir encore, et s'étale au
soleil. Regarde-la au Mesnil-Gilbert, à Sursée, à la Teurterie.
Viens la voir au moulin de Cuves surtout ; — c'est un lac de
diamants —, puis sous les Cresnays, puis chez moi ; c'est triom-
phant. De là, par Brécey, Vernix, Tirepied, Pont-sous-Avran-
ches et le Pont-Gilbert, elle s'en va glorieusement finir, non pas
ses jours, mais son cours, dans le golfe sacré, aux pieds du grand
archange normand, saint Michel.

V

J'ai une chose étrange à te conter, mon Henriette aimée. Dans
nos parages rôde de porte en porte une mendiante, que l'on
appelle du nom de sa bosse : la Bossue. L'autre jour, elle m'avise

dans un pré la ligne à la main et, tout en se dandinant, s'amène. J'eus beau lui dire que le moindre bruit effraie la truite et que je l'entendrais une autre fois, à la maison, il me fallut céder. « Vous ne savez pas, bonne demoiselle, quand votre beau-frère allait mourir, — deux jours avant, — j'étais entrée comme d'habitude dans la maison, pour ma subsistance, et même, par rapport au vent de la rivière, j'avais refermé la porte. Tout en causant de choses et d'autres, j'entendis frapper deux forts coups dans l'huis, et votre beau-frère les entendit comme moi, car il me dit : Fanchon, il m'appelait toujours Fanchon, — va donc voir qui c'est... J'ouvris, et je vis le drap mortuaire de l'église avec sa grande croix blanche qui était comme suspendu devant la maison et qui se mit à marcher à reculons, à marcher, à se bouillonner et à s'en aller, par-dessus le pont, devers l'église... Je l'ai vu, mademoiselle, comme je vous vois. J'en fus toute transie. Vous pensez bien que je ne le dis pas au malade, mais, je me dis en dedans de moi-même : Sûr qu'il ne passera pas la nuit. Je m'en fus prévenir M. le curé, sans lui parler de la chose, car les prêtres n'y croient point, et il se serait moqué de moi et m'aurait appelée visionnaire... » La vieille Fanchon partie, j'ai eu beau jeter la mouche dans tous les courants, pas une truite n'a mordu ni même sauté... J'ai regagné la maison en priant pour nos morts.

La maison... En veux-tu connaître l'intérieur ? — Au milieu de l'aire, une table carrée avec une bancelle de chaque côté. Le long des murs, trois lits avec ciel et rideaux. Une armoire de chêne, dont les cuivres brillent dans le logis un peu sombre ; la corniche et les panneaux sont de bonne sculpture avranchaise. De même la vieille horloge à poids, d'une sonorité si claire dans sa boîte ouvragée. Sur le buffet à étagère, des plats d'étain, des assiettes à oreilles triangulaires, des écuelles, des *moques* qui ont aussi des oreillettes, et de la porcelaine coloriée où sont peints chaudement des coqs, des poules, des fruits, des paysans...

Souventes fois, des messieurs déguisés en chiffonniers, des juifs, dit-on, ont proposé à ma sœur d'échanger ces « vieilleries » contre des « nouveautés ». C'est par respect pour les parents et les grands-parents que ma sœur, Dieu merci, n'a voulu rien enténdre. Il nous semble que quelque chose d'eux s'est attaché à tous ces objets qu'ils ont achetés, qu'ils ont aimés et qu'ils nous ont laissés. Hélas ! vieux bahuts, vieux dressoirs, vieille vaisselle n'ětaient point rares dans nos villages... Mais des matois plus fins que nos paysans qui ne sont point sots cependant, pour quelques liards ou pour du neuf, du flambant neuf, ont tout râflé... Pour moi, si jamais j'étais réduite — personne ne sait l'avenir — à vendre ces reliques, j'en sais le prix... Mais n'y pensons point : il y a des truites dans la rivière.

Continuons l'inventaire de mon intérieur, puisque tu as la bonté, ma charmante, de t'y intéresser. Mon intérieur : cuisine, salle à manger, chambre à coucher, c'est tout un. — Tu vois la cheminée, vaste et haute. Je l'aime ainsi. L'hiver on y fait de belles flambées, car le bois mort ne manque pas le long des prés. Sous la cendre, les petits font cuire des châtaignes qui ne coûtent point cher, qui ne coûtent rien : les ramasse qui veut le long des routes et dans les sentes. Aux deux coins de l'âtre, un fort tronçon de bois qu'on appelle un billot. C'est le bon endroit pour se chauffer ou, comme disent nos bonnes femmes, *pour faire courtine.* Sur le manteau de la cheminée, le grand crucifix de la maison, celui qui nous vient des ancêtres : il est en bois. La statue de la Bonne Vierge qui est auprès, me plaît beauconp avec le divin Enfant qui tient dans sa main des épis. C'est la patronne des laboureurs. Nous l'appelons Notre-Dame-des-Champs. Chaque lit a son image. Au lit de Jean, j'ai suspendu la Cène ; elle lui rappelle sa première communion ; il y voit son saint patron appuyé, presque endormi, ou mieux, en extase sur le Sacré Cœur. Au lit de Jeanne, c'est la bergerette de Domrémy à laquelle apparaît saint Michel, un saint de chez nous. Et au mien, ma chérie ? Une croix à laquelle s'enroule un suaire. Jésus n'est même plus là. On me l'a enlevé, comme à Madeleine. C'est la croix de mort, toute nue. Mais je sais qu'il est vivant et qu'il n'est pas loin. Le pont à passer, et voici le Tabernacle.

Entre mon lit et le foyer, un petit espace est libre. Là j'ai attaché au mur le crucifix de cuivre sur lequel ma chère aînée a exhalé dans un dernier baiser son âme. De chaque côté du Christ, son image et celle de son bon André, très ressemblantes toutes les deux. Qui les a faites, je te le dirai une autre fois. C'est là que, les soirs, tous les trois, nous faisons notre prière. Je hausse, à la fin, les petits, et ils donnent à leur papa, à leur maman, au bon Dieu, le meilleur baiser de leur bouche innocente.

A Dieu, mon Henriette, et à toi ! Il se fait tard.

VI

L'Artiste, ma chère Henriette, c'est l'originalité faite homme. Tout jeune, il s'est enfui du collège, et le voilà aux îles anglo-normandes. En peu de leçons, il devint photographe habile et bientôt renommé. La plus grande partie de sa vie s'est passée à Guernesey à faire des clichés, à entasser des pièces d'or et à collectionner des bouquins. Il se croyait l'ami de Victor Hugo qu'il a portraituré sur toutes les coutures. Il était sûrement l'ami de son curé. Hugo lui avait tourné la tête. Son curé essayait de la lui retourner. Elle n'a jamais été bien fixe dans les idées, sauf les grandes idées de Dieu, de Jésus-Christ, de l'Église ; et encore ne fallait-il pas que sur certains points le vent soufflât trop fort. Mais si mauvais que fût le vent, il n'ébranlait point son parti pris d'être bon : « J'aime bien mon bon Dieu, disait-il, parce qu'il est bon. » Et lui, il était serviable aux pauvres gens, à ceux, du moins, qui n'avaient pas peur de lui. Car d'aucuns le redoutaient : il passait pour sorcier ; ce qui, d'ailleurs, l'amusait grandement.

Que n'a-t-on pas raconté sur ses sorcelleries ? Veux-tu une histoire, ma belle, pour un peu te dérider ou... t'assombrir ? —

Dans un de ses voyages de Guernesey en Normandie, il descend dans un hôtel de Granville où il n'y avait plus de place. — « Monsieur, lui dit l'hôtesse, je n'ai plus qu'une chambre à deux lits, et l'un est pris par un voyageur. — Qu'importe ? reprend l'Artiste, si le voyageur n'a pas loué les deux. » Au milieu de la nuit, l'étranger se réveille et aperçoit dans les ténèbres deux yeux qui luisaient, étincelaient, le regardaient... Il pousse un cri... : — « N'ayez pas peur, compagnon, lui dit l'Artiste ; c'est le diable. Il me suit partout sous la forme d'un chat ; mais nous sommes de connaissance... » Comme pour accréditer l'histoire, il s'est fait peindre sur fond noir avec un chat fantastique dont les yeux flambent, et à tout visiteur il exhibe le précieux tableau. De plus, si le visiteur est un simple, il lui fait devant la figure des gesticulations et des simagrées comme s'il voulait l'endormir. On a vu des jeunes gens, notamment un apprenti couvreur, qui, dès l'abord, se sont enfuis épouvantés. D'autres se sont laissé faire... Devinant le truc et le désir du bonhomme, ils ont fermé les yeux... comme s'ils dormaient. Alors, l'hypnotiseur, se dupant lui-même peut-être, appelait solennellement Victorine : « Madame, venez voir le triomphe de la Science ! » Que si l'hypnotisé était un pauvre, il sortait de son sommeil avec une pièce de cent sous. Que de fois, mais sans succès, il a essayé d'endormir son ami Davranches : « Cornichon ! » disait-il. Et ce terme pour lui était l'expression suprême de l'amitié. « Cornichon ! il ne veut pas même gagner dix centimes deux sous... »

 A de certains jours déterminés, c'est à sa porte un long défilé de pauvres, et personne ne s'en va les mains vides...

Toujours bon chrétien, il a des quintes de dévotion comme d'autres des quintes de toux. On le voit à la porte de l'église de Cuves, sa paroisse, en plein hiver, dans la neige, avant l'angélus. Il a dû attendre plus d'une fois l'arrivée du custos. — « *Feignant*, lui dit-il, tu attendras à la porte du paradis. » Et, comme le custos de ce temps-là avait souvent le gosier sec : « Ne te gêne pas, mon gâs ; quand tu trouves qu'il fait soif, viens à la Noblerie, j'ai de bon *bère*. »

Les photographies de mes chers défunts, si souriantes et si vivantes, c'est lui qui les a faites. Le bon André ne le contrariait jamais. Un jour qu'il lui avait dit : « Monsieur Arsène, à vous deux le bon Dieu, vous feriez de belles choses ! — Vrai ! mon ami, répond l'Artiste, tu as du jugement dans la caboche... Sais-tu que quand je fais de la photographie, j'ai pour collaborateur le soleil !... Tiens, mon gâs : viens dimanche, vers deux heures de relevée, avec ta femme, nous trinquerons ; je ferai votre portrait, un amour de portrait ; puis, nous irons aux vêpres. »

Je regrette qu'il ne photographie plus : de mes deux petits il eût fait un chef-d'œuvre ! Mais dans les pavillons vitrés de sa maison qui étaient son atelier, sais-tu ce que l'on voit maintenant ? une vigne, une vigne superbe, chargée de grappes d'un raisin bleu !... Jean et Jeanne plus d'une fois en ont goûté.

VII

Nos prairies au printemps ? Les landes de la Hague n'ont pu t'en donner l'idée ! Pêle-mêle à travers l'herbe la plus verte, la plus drue, je dirais volontiers la plus appétissante, toutes les fleurs : primevères aux clochettes jaunes qu'on appelle ici *coucou*, sans doute parce qu'elle est en fleurs quand cette oiseau chante ; digitale pourpre ou gants de Notre-Dame, que les enfants appellent *toc-toc,* en la faisant éclater par la corolle ; la grande marguerite blanche qu'on appelle *pâquette* ou fleur de Pâques ; des orchidées de toutes les nuances qu'on appelle des *pentecôtes ;* par touffes des anémones d'un blanc rosé ; quelques fumeterres qui sentent le baume ; et les stellaires qui piquent dans le gazon mille étoiles blanches ; et la sauge et le myosotis et les scilles qui forment des îlots bleus ; et la cardamine liliacée aux étamines violettes ; les lychnis qu'on appelle des *saints sacrements* et qui mettent du sang partout ; plus près de la rivière, s'y baignant presque, des populages flambant comme l'or et des glaïeuls qu'on appelle ici *lliageu ;* la reine des prés, partout triomphante, dont l'arome est exquis, et des retombées d'églantiers blancs, d'églantiers roses ; un jardin botanique, quoi ! En juin toutes les teintes, tous les éclats, tous les parfums. Et je ne dis rien des saulaies, des oseraies, des ronceraies qui s'entrecroisent sur les rives des deux côtés de la rivière, et des bourdaines, et des peupliers où se plaisent les merles, et des chênes où, dans les basses branches, roucoulent les ramiers et, dans les hautes, chantent les loriots, tandis que, sous les herbes de la prairie dont ils s'enivrent, courent d'un bout à l'autre et crient les râles...

Que la pêcheuse ait parfois des distractions en un tel paradis, et que les truites en profitent, tu le comprends, toi qui es poète !... Tu comprends aussi qu'à la Fête-Dieu, il ne faut guère de temps à nos petits pour remplir les corbeilles qu'ils doivent effeuiller sur le passage du Saint-Sacrement.

A propos de Fête-Dieu, nous sommes allés tous les trois à Saint-Laurent pour la solennité. Oui, ma chère, les petits ont fait à pied une grande lieue par un chemin toujours montant, et fleurissant, où, sur les talus, sur les *fossés*, comme on dit ici, les genêts frais éclos agitaient dans la brise leurs rameaux d'or.

Le petit bourg est groupé autour de l'église. Nouvellement rebâtie, elle est grave et gracieuse. Volontiers elle étale ses richesses de granit. La paroisse a voulu garder la vieille tour, comme un témoin du passé, témoin robuste. Il faudra cependant, pour l'harmonisation de l'ensemble, un peu la rajeunir. On y songe.

De fines verrières, sans rien assombrir, tamisent la lumière. Pourtant, quand luit le grand soleil, du feu s'allume sous le gril de Saint-Laurent et on dirait qu'il crépite. Voici, comme il convenait dans un pays où partout saint Michel est aimé, voici l'archange avec, en perspective, le *Péril de la mer*. En face, au-dessus des armoiries de M. de Brécey, un des chevaliers de la sainte montagne, voici Jeanne la Pucelle. — Ce nom de Brécey est évocateur de victoires : Verneuil, Saint-James, bien d'autres.

Sais-tu que, chaque année, humble rivale d'Orléans la glo-
rieuse, la petite ville de Saint-James célèbre, depuis des siècles,
par des drapeaux, des feux, des fleurs, des chants, des prières, la
grande Française, l'héroïne immortelle ? Mais je me demande
pourquoi, en ce libre et fier pays, on a gardé ce nom de servi-
tude : *James*, ce nom anglais ?

Il y a d'autres vitraux. Le V. Chapdeleine, un martyr dont la
béatification approche, originaire de cette terre de foi, de con-
quête et d'apostolat, aura le sien prochainement.

L'Artiste en a promis un, lui aussi. Il a choisi la Présentation
de Notre-Seigneur au Temple. C'est lui qui tendra les bras à l'Enfant divin. C'est lui qui le contemplera au travers de ses larmes.
C'est lui qui, d'une voie exultante, chantera le *Nunc dimittis*...
Chantez, lui disais-je hier, mais ne partez pas encore. Restez avec
nous. Vivez pour vos amis, pour les églises et pour les pauvres.

C'était donc la cérémonie solennelle de la Fête-Dieu. En ce
village où, comme au temps de Duguesclin, on file le fin lin toujours, on avait tendu, sur le passage du Saint-Sacrement, les plus
beaux draps des riches armoires. Ici et là, on avait, pour les
bénédictions, au milieu de branchages coupés aux champs voi-
sins, dressé des reposoirs. Sur les gradins éclataient tous les *tré-*
sors de ces braves gens.

Mais la merveille était au presbytère. Il est, en contre-bas de
l'église, en un pli de terrain où abondent les beaux arbres et où
surabondent les fleurs, revêtu lui-même des capricieux rameaux
d'une vigne qui grimpe jusqu'au toit. Il y a, au long des pentes
du jardin, des rododendrons aux teintes éclatantes qui forment
de beaux massifs. Une riviérette, la Brizelle (quel joli nom !),
amenée là je ne sais comment, y tombe en cascade et bruit.

Là donc, parmi les eaux, les arbres, les buissons, des mains
habiles ont élevé un trône au Dieu de l'Hostie. Devant l'Osten-
soir qui s'avance, trente-cinq enfants jetaient des fleurs ou brû-
laient de l'encens. D'autres portaient la croix, des oriflammes,
des bannières. La foule suivait. C'était une vision que la descente
de la procession par les allées en pente douce du jardin presby-

téral, une sorte d'échelle de Jacob, une ouverture sur le paradis.

. Cependant le soleil flambait dans un ciel d'orage. Les cloches sonnaient et carillonnaient. Les fidèles chantaient, comme on chante en ces villages de Basse-Normandie, à tue-tête et à plein cœur. Le bon curé s'attendrissait. Le vicaire rayonnait.

Et l'on recommencera dimanche... Et ainsi, de fête en fête, d'actes de foi en actes d'adoration, en actes d'amour, à travers les joies et aussi les deuils, on s'en va, mon Henriette, au paradis !

VIII

Connais-tu la mouche saint-marc, blondinette ? Elle a les ailes bariolées de blanc et de jaune, et on la trouve collée sur le tronc des pommiers, des peupliers et des hêtres. Quinze jours durant, en juin-juillet, elle a le don d'affriander la truite. « Marie-Marthe, m'a dit le grand Emile, jette ta ligne ainsi amorcée à la surface de l'eau, près des souches et sous les arbustes qui bordent la rivière. »

En ai-je tiré des truites de ces endroits profonds ! Six, un soir, en un rien de temps, là où le Glanon se jette dans la Sée. Le lendemain, le long du pré à Jean Nicole, en des *dormoirs* qui sont là, j'en ai enfilé par les ouïes une longue brochette de bourdaine. C'était jeudi. Jeannot était là qui, de son côté, taquinait le véron. Sa sœur remplissait de loches une bouteille à large panse attachée à une longue ficelle et qu'elle traînait d'un endroit à l'autre par les petites grèves de la rivière. Une famille de pêcheurs, tu vois !

M'a dit le grand Emile : « Quand les foins sont rentrés, Marie-Marthe, partout sous tes pieds sautent des *sauticots*. Attrape une de ces sauterelles, un peu grosse. Attache-la à un petit hameçon, en ayant soin de ne lui prendre sur le dos qu'une partie de sa carapace afin de la garder le plus longtemps possible vivante. Jette ta ligne à la surface de l'eau comme pour la mouche saint-marc et aux mêmes endroits, avec un mouvement de bas en haut qui fera sautiller l'insecte, et tu verras bientôt la truite gourmande bondir et se jeter dessus.

M'a dit le grand Emile : « Marie-Marthe c'est au mois d'août et de septembre que se pêche l'anguille. Il y a plusieurs manières : la plus simple, c'est le ver au bout de la gaule, comme pour la truite ; mais ce n'est pas la meilleure... Tu as fait sortir de terre des vers en abondance. Fais-en maintenant une *mochée* en les enfilant ; puis roule-la, et attache-la au bout d'une ficelle. L'anguille se prendra dans les fils par les dents. Tu la sentiras bientôt. Tu tireras promptement. La voilà sur l'herbe. Des fois, d'un seul coup, tu en tireras plusieurs. — Il y a aussi la pêche *à la digouille* ou à l'aiguille. Elle est moins pratique. Pourtant, là où tu vois de vieux murs sur la rivière, le long des jardins de Cuves, par exemple, ou du côté du moulin, ou dans les restes des Portiers, tu peux faire de bonnes pêches. Alors sur un bout de ficelle on attache jusqu'à la moitié une aiguille. On recouvre l'aiguille d'un ver à tête noire et l'on présente le tout, au bout d'un petit bois piqué dans l'extrémité de l'aiguille, à l'entrée de ces trous dont je viens de te parler... Tu pourras essayer toutes fois et quantes. »

M'a dit le grand Emile : « Quand le ciel est orageux et que les vents sont du sud ou de l'ouest, regarde la rivière, Marie-Marthe. Si l'eau n'est point trop basse et qu'elle soit un peu louche, pêche à la mouche artificielle. Attaches-en deux ou trois sur une *couplée* de crins de Florence. Puis, en ayant bien soin de ne pas te faire voir, lance ta ligne dans le courant où l'eau ride, mais si doucement, si doucement que les mouches tombent sans le moindre bruit ; après quoi donne à la gaule un léger tremblement de manière à faire sauter les mouches sur la surface... et tu verras bientôt sauter les truites. »

J'ai un bon maître, tu vois, et complaisant ! Mais je ne suis pas souvent seule à pêcher. Il en vient de toutes les collines : de Sourdeval, de Juvigny, de Saint-Pois, quelquefois jusque de Mortain, et souvent d'Avranches. L'autre soir, nuit tombante, un peu lasse de ma journée, et rêveuse, j'écoutais sur le pont les cloches de Cuves qui carillonnaient pour un baptême et qui m'arrivaient par la rivière, si douces, quand débouche par une trouée de saules un pêcheur botté, ceinturonné, une ligne à roulette à la main, comme en portent les citadins qui n'entendent pas grand'chose à la pêche : « Vous ne pêchez donc plus, Mademoiselle, me dit-il. — Monsieur, ma journée est finie. — A-t-elle été bonne ? — Excellente. — Moi j'y suis depuis cinq heures et je n'ai pris que ce pauvre dard... Pourtant je ne voudrais pas rentrer à Juvigny le panier vide. » Je vais à mon réservoir, une large boîte fermant à clé, attachée au pont par une corde et cachée sous d'épais fils d'eau... Mon homme a choisi les plus belles, cinq livres pesant. Je les ai roulées toutes vives dans une poignée d'orties et d'herbes fraîches. — « Monsieur, en voilà pour dix francs. — Ce n'est pas trop cher, Mademoiselle. Merci... Cette fois, ajouta-t-il en riant, ma femme ne dira pas que je n'entends rien à la pêche... Adieu, Mademoiselle, et au revoir ! » Ces gaies aventures se renouvellent assez souvent. Elles ne sont pas pour me déplaire.

Je te quitte un peu brusquement, très douce amie, parce que le soleil qui baisse me fait signe qu'il est grand temps de préparer mes lignes dormantes.

IX

Tu veux savoir, curieuse aux yeux gris, ce que c'est qu'une ligne dormante. Coupe dans les près une branche assez solide ; fais-en un piquet. Tu l'enfonceras tout à l'heure sur le bord de la rivière ; mais auparavant il le faut *atteinter*. Noue à ton piquet trois mètres de ficelle que tu as achetée au bourg de Cuves chez Pellechat. Munis-la d'un hameçon que tu amorceras tantôt d'un ver, tantôt d'une loche ou d'un véron. Au bout de ta ficelle, attache un plomb assez lourd ou une pierre, pour qu'elle ne flotte point sur l'eau : puis, tends-la dans les caves de la rivière.

Au point du jour si tu es là, tu lèveras souvent une truite ou une
anguille. Si tu as été paresseuse à sortir du lit, des gens peu déli-
cats — il y en a partout, même dans nos cantons bas-normands
— auront fait avant toi la levée du poisson, ou le poisson se
sera détaché lui-même. » Ces derniers temps, j'ai tendu jusqu'à
douze lignes à la fois ; car je n'ai jamais assez de truites, surtout
pour le vendredi.

Ce jour-là, de temps immémorial, c'est le jour du marché à
Brécey. Or, Dieu merci, nos paysans ont gardé la foi des ancêtres. C'est pourquoi dans les hôtels et restaurants on demande
des truites... Et tu sais que si je suis la seule pêcheuse, les con-
frères ne manquent pas... D'où vient tant de poisson dans cette
petite rivière tant pêchée ? Dieu est bon, mon Henriette ; il faut
l'aimer.

X

M'a dit un pêcheur : « Mademoiselle, vous ne pêchez donc
pas avec la mouche barbelotte ? La truite en est friande. —
Qu'est-ce que c'est que la barbelotte ? » Il prend une boîte dans
sa poche et l'ouvre. Elle était pleine de ces charmantes bestioles
que nous appelons bêtes à bon Dieu ou coccinelles, auxquelles
le plus petit enfant chez nous ne ferait pas le moindre mal. —
« Moi, Monsieur, pêcher avec ces mouches, jamais ! »

Nous les aimons en effet et respectons à l'égal de ce petit oiseau
que tu connais bien sans doute, mignonnette, le roitelet, qu'on
appelle la reblette ailleurs, ici berruchet ou l'oiseau du bon
Dieu. Sa robe est grivelotée avec, au cou, une tache rouge. Tu
l'as vu maintes fois auprès des maisons, surtout l'hiver, l'œil
vif, la queue relevée, et sautillant. Jean, l'autre jour trouva son
nid, sur une poutre ; un lit de plumes comme je suis incapable
d'en faire, et là dedans une douzaine d'œufs, tout ronds, tout
blancs avec des piqûres rouges. Jean l'aurait pris volontiers ;
mais le père et la mère *plaignaient* en voletant tout près de
nous. Écoute, Jeannot, lui dis-je, l'histoire du petit berruchet, et

jamais plus tu n'auras l'idée de lui faire de la peine et moins encore du mal.

Il y a longtemps, longtemps, les hommes étaient bien malheureux, parce qu'il n'y avait plus de feu sur la terre. On ne savait que devenir. Où en trouver du feu ? Il n'y en a qu'au ciel. Mais le ciel est si loin. Et comment monter au ciel ? Seuls les oiseaux peuvent monter au ciel. Adressons-nous aux oiseaux, se disent les hommes. Tant il est vrai qu'on peut avoir besoin d'un plus petit que soi ! Ils s'adressèrent d'abord aux grands. Les grands oiseaux refusèrent, disant que le voyage était trop long et périlleux. Ils s'adressèrent aux moyens. Les moyens pour les mêmes raisons refusèrent. Alors ils supplièrent l'alouette qui vole si bien et qui monte si haut. L'alouette, elle aussi, par crainte du feu, refusa. Les hommes étaient désolés. Quand il vit cette désolation, le petit berruchet qui avait tout entendu se mit à dire : « Puisque personne ne veut y aller, j'irai, moi. — Mais tu es si petit ! Tes ailes sont si courtes ! Tu mourras avant d'arriver ! — On verra bien si je meurs ! » dit le brave petit roitelet. Et le voilà qui s'envole...

Oh ! comme il vole ! Il vole tant et si bien qu'il arrive près du bon Dieu, un peu fatigué, content tout de même.

Qui fut étonné ? Ce fut le bon Dieu... Il prit dans ses mains le petit berruchet, le caressa, le complimenta, le fit se reposer au paradis. Puis, tendrement : « Le feu du ciel ! Mais tu n'y songes pas, pauvre petit : tu te brûleras avant d'arriver sur la terre ! » Comme berruchet implorait pour les hommes qu'il avait vu si malheureux : « Eh bien, lui dit le bon Dieu, je vais te donner du feu. Tu l'emporteras dans ton bec. Mais ne vole pas trop vite... Si tu voles trop vite, tu es perdu, car tu brûleras tes ailes. » Et berruchet promit d'être prudent et, de son brave cœur d'oiseau généreux, il remercia le bon Dieu, et descendit vers la terre... Doucement, très doucement, pour commencer... Mais quand il vit tous ces hommes qui regardaient vers lui, tous ces bras qui s'agitaient, quand il entendit ces voix qui l'appelaient, inconsciemment berruchet doubla son vol... Et bientôt ce ne

fut plus dans l'air qu'une betite boule de feu... Et lorsqu'il mit
pied à terre, il n'avait plus sur son pauvre corps à moitié grillé
une seule plume !

Les oiseaux s'empressent autour de lui. Chacun s'arrache une
plume pour lui faire un vêtement. Et c'est pourquoi il est tacheté,
moucheté, ou, comme j'ai dit, tout griveloté. Un seul oiseau ne
voulut rien lui donner, — l'affreux chat-huant ! Tous les autres
se jetèrent sur le hibou pour le punir de sa dureté. Il fut obligé
de se cacher. Et voilà comment il ne sort de son trou que la nuit.

A Dieu, mon Henriette, ma reblette. Tu as écouté mon histoire tout comme Jean-Jeannot. Ne soyons pas des oiseaux de
ténèbres. Faisons de la lumière partout où nous passons et même,
là où les âmes ont froid, allumons du feu.

XI

Ah ! dame, l'hiver, pauvrette, ce n'est pas gai ; non vraiment.
Je ne pêche guère à la ligne volante. Je tends des lignes et des
courçons. Ce que c'est que la ligne tendue, je te l'ai dit. Le
courçon est un filet de chez nous. En haut on attache une *vermée*
ou *mochée*. En bas on met un caillou pour le faire tenir dans
l'eau. Ainsi garni, on le noue solidement, au moyen d'une ficelle,
à un long pliant dont on pique l'un des bouts au fond de la
rivière et l'autre sur le bord. Le grand Emile, de qui je tiens
toute ma science, m'a enseigné qu'habituellement on pose le
courçon entre deux fils d'eau, attendu que les truites passent par
là souvent quand elles cherchent leur nourriture... J'ai fait de
bonnes pêches au courçon. Elles auraient encore été meilleures
si plus d'une fois la levée n'avait été faite par des gens à qui il
n'en coûte guère de *démarrer* de grand matin, si, dans une demi-
heure, ils ont gagné leur journée en dévalisant pêche et pêcheuse.

Le charme de l'hiver n'est donc pas là. Il est dans les rouges
soleils qui se couchent dans nos arbres blancs de neige ou de
givre ; dans les jeux des enfants de l'école qui pelotent de la
neige sur la place, se livrent des batailles sans fin, puis s'exer-

cent les uns à l'architecture en construisant des maisons, les autres à la statuaire en sculptant d'invraisemblables et gigantesques bonshommes. Il est dans la messe de minuit où se rendent nos bons villageois bien emmitouflés dans leurs *limousines*, une lanterne à la main, et chantant par les sentiers de si jolis noëls.

J'ai un long voyage à faire,
Je ne sais qui le fera.
Ce sera Gabriel ange,
Vive Jésus !
Qui pour moi fera cela,
Alleluia !

Gabriel prend sa volée,
Vive Jésus !
Dret à Nazareth s'en va.
Alleluia !

Trouvant les portes fermées,
Vive Jésus !
Par la fenêtre il entra,
Alleluia !

Trouvant là Vierge en prière,
Vive Jésus !
Tout humble la salua,
Alleluia !

Je vous salue, Vierge très digne,
Vive Jésus !
Mère du grand Dieu qui sera,
Alleluia !

Ave Maria pour la Vierge,
Vive Jésus !
Pour les anges le Regina,
Alleluia !

Quand on entre dans l'église, au son redoublé des cloches, M. le curé, tout en s'habillant pour la messe, entonne le cantique traditionnel :

Il est né, le divin Enfant...

A peine a-t-il commencé que tous les enfants, à tue-tête, reprennent et continuent jusqu'au dernier couplet :

Il est né le divin Enfant !
Jouez, hautbois ; résonnez, musettes.
Il est né, le divin Enfant !
Chantons tous son avènement.

A la fin de la messe où la plupart des enfants ont communié, le noël que l'on chante débute ainsi :

A Bethléem, sur la minuit,
La Vierge enfanta Jésus-Christ.
C'est le Messie,
Fils de Marie,
O qu'il est beau,
L'Enfant de Marie au berceau !

Puis, sous le ciel fleuri d'étoiles, l'on s'en va réveillonner chacun chez soi, en chantant le départ du bonhomme Noël, de sa femme et de ses enfants.

Etrange et savoureux pot-pourri qui remonte loin dans les âges et où se mêlent d'amusantes imprécations contre les bêtes nuisibles et des souhaits pantagruéliques pour la fécondité de la terre. On rallume, bien entendu, les lanternes, et on met le feu à des torches de paille que les anciens appellent des *coulines*. Tu vois de chez toi, mon Henriette, les lueurs fantastiques que font ces falots dans la nuit sombre. Entends-tu les enfants chanter ? Chante avec eux, beau rossignol.

Adieu, Noët !
Il est passé
Noët s'en va,
I reviendra.

Taupe et mulot,
Sors de mon clos,
Ou j'te mets le feu sur le dos !

Noët s'en va,
Sa femme à ch'va ;
Ses petits éfants
S'en vont pleurants.
Noët s'en va
I reviendra.

Le p'tit Colin
Porte le vin,
P'tit' Colinette

Port' la galette.
Noët s'en va,
I reviendra.

Charge pommier,
Charge poirier,
A chaq' branchette
Plein ma pouchette,
Noët s'en va,
I reviendra.

Adieu les Rois
Jusqu'à douz' mois
Douz' mois passés,
Vous reviendrez...

Tau, tau, tau, les mulots !
Si tu viens dans mon clos,
J'te brûle la barbe et les os.

Commences-tu à le deviner, belle citadine, le charme des hivers chez nous? Ajoutes-y les veillées.

Entre *vaisins*, l'on s'en va tantôt chez l'un tantôt chez l'autre. Tous font cercle autour de la grande cheminée, que remplit presque une bûche énorme. A l'un des coins, — c'est la place d'honneur, — le grand-père tient sur ses genoux l'un de ses petits-fils qui jase tenant lui-même le chat qui ronronne ; à l'autre, la grand-mère tourne son rouet ou tricote des bas de laine, tandis que près d'elle la fille aînée en raccommode. La mère berce dans son *ber* la petite dernière en lui chantonnant *do do l'enfant do, l'enfant dormira bientôt.* Le père dit à l'aîné : « Louiset, va me chercher un fagot, bien sec ; je vais *harasser* des châtaignes. »

Sais-tu bien, toi qui sais tout, ce que c'est qu'une *harassoire ?...*

Mon Dieu, ne te casse pas la tête : tout simplement c'est une poële, à long manche de fer, percée d'une douzaine de trous.

Louiset jette dans l'âtre des branches de chêne qui ne tardent guère à pétiller et à flamber. Quelle belle clarté dans toute la pièce, et la bonne chaleur ! Instinctivement, les petits tendent leurs mains vers la flamme. Le chat se dresse et plus fort *file sa quenouille* en regardant la flamme qui danse et les étincelles qui sautent. Les châtaignes, elles aussi, se mettent à sauter dans la harassoire, à se décortiquer et à faire entendre de gaies détonations. — « Attise le feu, toi, gâs Marcel, dit le père... *Erculous* (reculez-vous), les petiots, à cause des *brasillons*... Il va être temps, Louiset, d'aller chercher à *bère*... Tire au fausset : c'est le *meilleu*. »

Et Louiset disparaît en susurrant :

> Mon père, i boit bcn,
> Ma mère cô mieux.
> Mon père à guichonnée,
> Ma mère à chaudronnée,
> Et mé à terrinéo.

« C'est vrai, dit le grand-père, que les marrons donnent soif. — Oui, dit Marcel, rien que l'odeur... la langue m'en pèle. » Et c'est, autour des châtaignes qui sentent bon et du cidre nouveau qui sent meilleur encore, des fusées de bons rires et un feu roulant de joyeux quolibets...

O ces assemblées du soir ! ces réunions de parents et d'amis ! Quelle douceur, mon Henriette, avec, cependant, une goutte d'amertume pour moi ! Car, comment s'y prendre pour ne songer point à nos chers absents, et ne pas sentir qu'à ces deux orphelins manquent les tendres agaceries du père et la douce tiédeur du giron de la mère ?

XII

J'en ai long à t'écrire aujourd'hui, reine des bruyères. Jeudi dernier, pour faire plaisir à Mlle Nicole, institutrice en retraite aux Cresnays, je l'ai accompagnée à Cuves chez son frère Jean

Nicole, pour la cueillaison du chanvre. Ce jour-là, point d'école, point de catéchisme ; nous avons emmené les enfants. Tout le monde travaille, petits et grands ; mais le travail n'est point dur, et c'est plutôt un jour de fête. En arrachant le chanvre, tête et pied, tige et racine, on chante. Chacun est sur son sillon. Moi, j'avais à ma droite et ma gauche mes petits qui travaillaient de bon cœur, et alignaient par terre à qui mieux mieux les poignées par moi cueillies.

C'est la tante Scolastique, « la bourgeoise », qui ouvre la marche avec « son homme »; mais c'est la demoiselle Nicole qui a ouvert le chant. Au refrain : « Mon cœur vole, vole ! » tout le monde chantait éperduement. J'ai pensé que, peut-être, là-bas dans la grande ville, ces couplets qui, sûrement, ne datent point d'hier, te plairont pour leur grâce dévotieuse, leur simplicité naïve et l'envolée de leur refrain. Les voici :

> L'autre jour en m'y promenant,
> Mon doux Jésus j'ai rencontré...
> > Mon cœur vole, vole, vole,
> > Mon cœur vole vers les cieux.
>
> M'a dit : Ma fill', qu'est-ce que vous cherchez ?
> — Mon doux Jésus, j'allais vous chercher.
> > Mon cœur vole, vole, vole,
> > Mon cœur vole vers les cieux.
>
> M'a dit : Ma fill', qu'est-ce que vous voulez ?
> — Mon doux Jésus, l'humilité.
> > Mon cœur vole, vole, vole,
> > Mon cœur vole vers les cieux.
>
> L'humilité, la charité,
> Aussi la sainte chasteté...
> > Mon cœur vole, vole, vole,
> > Mon cœur vole vers les cieux.
>
> Ce sont les dons d'amour parfait...
> — M'a dit : Ma fill', vous les aurez.
> > Mon cœur vole, vole, vole,
> > Mon cœur vole vers les cieux.

Le champ à Trois-Coins où se faisait la cueillerie, domine un peu la vallée, et les voix, nous a-t-on dit, planaient à larges ailes au-dessus de la bourgade, si bien que, du seuil de sa maison où elle prenait le soleil, Mme Hérembourg chantait avec nous :

Mon cœur vole, vole, vole,
Mon cœur vole vers les cieux.

Toutefois la *chanson du romarin* fut le triomphe. Jean Nicole qui chante au lutrin tous les dimanches, chantait avec sa femme. Les puissantes sonorités de l'un se mêlaient à la douceur de l'autre, et, dès le second couplet, toute la chenevière chantait. Chante aussi, toi, mon alouette, puisque te voilà *t'y promenant* le long des blés du Val de Saire.

J'm'y suis levé d'un grand matin,
J'm'y suis levé d'un grand matin,
Pour y cueillir le romarin,
   Gentil coqueliqui
   Cocum vobiscum
     Verbum
      Joli
   Gentil coqueliqui.

Pour y cueillir le romarin,
Pour y cueillir le romarin...
J'n'en avais pas cueilli trois brins,
   Gentil coqueliqui...
   Cocum vobiscum
     Verbum
      Joli
   Gentil coqueliqui.

J'n'en avais pas cueilli trois brins,
J'n'en avais pas cueilli trois brins,
Qu'un rossignol vint sur ma main,
   Gentil coqueliqui
   Cocum vobiscum
     Verbum
      Joli
   Gentil coqueliqui.

Qu'un rossignol vint sur ma main,
Qu'un rossignol vint sur ma main...
Il m'y dit deux mots de latin,
   Gentil coqueliqui
   Cocum vobiscum
     Verbum
      Joli
   Gentil coqueliqui.

Il m'y dit deux mots de latin,
Il m'y dit deux mots de latin :
Que les garçons n'y valent ren,
   Gentil coqueliqui
   Cocum vobiscum
     Verbum
      Joli
   Gentil coqueliqui.

Que les garçons n'y valent ren,
Que les garçons n'y valent ren,
Mais pour les fill's j'n'en dis q'du ben,
   Gentil coqueliqui
   Cocum vobiscum
     Verbum
      Joli
   Gentil coqueliqui.

Tu devines la variante, n'est-ce pas, suivant que le chanteur est homme ou femme, fille ou garçon.

Qu'en dis-tu, savante ? S'il y a quelque part une chanson populaire, la voilà ; je veux dire sortie toute vive des entrailles du peuple enfant, de sa bonne humeur, du sens naturel qu'il a des mots harmonieux, bribes du latin entendu à l'église, et qu'il mêle à son patois et dont il fait une sorte de gazouillement comme celui des berceaux ou des oiseaux : *Cocum vobiscum verbum joli.*

Du dîner je te fais grâce : poule au pot, poule à la sauce blanche, quartier de mouton tout embroché dans l'âtre et, à feu doux, rôtissant. Quel entrain! quelle gaieté! quel appétit! et aussi quelle beuverie! Le garçon n'*avengeait* pas à remplir à la ronde les verres toujours vides... Or, en toutes ces joyeusetés, pas un mot mal sonnant.

Vers la fin, ç'a été le jeu des devinettes. En veux-tu quelques unes ?

« Qui a la corde au cou et s'en va comme un fou ? — Qui montre les dents à son maître quand il entre ? — Qui entre partout sans demander permission ? — Qui est-ce qui marche sur la tête ? — Qui est-ce qui a les cheveux aux pieds ? — Qui monte au ciel sans ailes et sans échelle ? — Tout rond, tout rond, qui n'a point de fond ? »

Si tu as deviné, tu me le diras.

J'ai retenu quelques proverbes : « Le petit oiseau a dit : Ce qu'il t'a fait, fais-li. — Berbis qui bêle perd sa goulée. — Ne fais pas vie qui *druge,* mais vie qui dure. — Fais-toi serviette, Fanchon, mais pas torchon. — D'un homme qui a de bons yeux : Il verrait sept lieues à travers la *breille.* — D'un bon médecin : Il connaît le dedans du corps de l'homme comme s'il y était descendu avec une échelle et une lanterne. »

Tout cela te donne quelque idée, amie lointaine, d'un repas de ferme dans l'Avranchin.

L'après-midi on a lié en gerbes, on a *égrugé,* on a mis à *rouir.* Ne me demande pas si on a chanté. Le soir on a conté des contes. Je veux te redire celui de Jean Nicole.

« Il y avait une fois un soldat qui revenait de l'armée de la guerre à son *fouyer.* Il s'appelait Pimpernelle. Il n'était pas riche, le brave garçon, puisqu'il n'avait qu'un sou.

« Pimpernelle était un normand de bonne humeur, comme il y en a tant, et de bon cœur, comme il y en a beaucoup. Souci et lui, ça faisait deux. Or donc, il cheminait, le sac au dos, tantôt sifflant, tantôt chantant. Vint à passer quatre hommes tout couverts de poussière. L'un deux qui semblait le maître, poliment le salua et lui demanda la charité. — « Je n'ai qu'un sou, dit Pimpernelle : Tenez, mes amis, en partageant *enter* vous, c'est chacun un liard. » Alors, celui qui semblait le maître, dit au soldat : « Pimpernelle, tu es pauvre et tu partages avec les pauvres, tu es bon Jésus-Christ le Seigneur Dieu je suis. Je veux te récompenser, et je te donne à choisir entre le paradis tout de suite et le pouvoir de faire entrer dans ton sac tout ce que tu voudras. » Pimpernelle était encore bien jeune pour être complètement détaché de la terre, et même jamais il ne l'avait trouvée si verte ni si belle... Et puis aux paroles de l'inconnu ajouta-t-il bien foi ? « Seigneur Dieu, dit-il, puisque, dans votre bonté, vous me laissez le choix, je m'en tiens à mon sac. » — « Va pour ton sac, dit le Seigneur, et bon voyage ! » Cela se passait sur le chemin de Granville.

« A la ville proche, Villedieu-les-Poëles, les branches de houx ici et les branches de gui là, qui se balançaient au-dessus de la porte des auberges, faisaient signe au soldat Pimpernelle : « Tu as soif, beau soldat, et le cidre est bon chez nous, *passeyant* et *gouleyant*. » — Mais Pimprenelle — chose rare en Normandie — n'était pas encore bien décidé à boire, attendu qu'il avait faim, et qu'à l'étal du boucher voisin un gigot de pré-salé lui creusait encore l'appétit : « Ah ! toi, se dit-il, si je te tenais dans mon sac !... » Il n'avait pas plus tôt formulé son désir que le sac, jusqu'à présent si léger, lui paraît lourd... Une bonne odeur de chair fraîche s'en dégage, et même il aperçoit un manche luisant passé dans les courroies ! — « Ça va bien dit-il. Je n'ai pas été floué ! » Et, en preuve de sa foi, il fait à quelqu'un d'invisible, mais qu'il sent là tout près, le salut militaire.

« Cependant la voix attirante des *bouchons* redouble leur musique... La réponse de Pimpernelle cette fois ne tarda pas. En un clin d'œil il fait passer dans son sac deux cruchons de cidre *embouteillé*. — « Et maintenant, dit-il, cidre de prince, gigot de roi, j'ai le boire et le manger... Cherchons un gîte... Lors, en bon militaire, la halte faite, il se remet en route, sifflant d'abord la

marche de son régiment, puis, dans le soir qui tombe, chantant
à gorge déployée :

<pre>
Comme j'étais petite,
Petite à la maison.
On m'envoyait aux landes
Pour cueillir du cresson,
Verduron verduronnette,
Verduron don don...
</pre>

En peu de temps, Pimpernelle fut à Chérencé-le-Héron. —
« Ce n'est point trop tôt, se dit-il, car je me sens las, et j'ai faim. »
A la première auberge venue il frappe. Point de place. — « Comment, point de place ! N'ai-je pas lu sur l'enseigne : *François
Houssin loge à pied et à cheval ?* Or donc... » Et ces braves gens
lui expliquent qu'ils ont bien une chambre, mais où personne
n'ose coucher ; *car il y revient...* — « Qu'est-ce qui revient ? —
Sait-on jamais ?... Peut-être le diable... — Allons, faites-moi cuire
ce gigot d'abord... Je vous invite ensuite à en manger votre
part... Puis, vous m'indiquerez la chambre hantée, et si le diable
vient, je m'en charge... »

Quand François Houssin se fut bien assuré que le soldat avait
fermé derrière lui la porte : « C'est un homme mort ! dit-il à sa
femme, et c'est dommage, car il paraît bon garçon, et son gigot
était fameux. Quant au cidre, on a *beu meilleu...* »

Déjà Pimpernelle dormait de ce petit sommeil très doux qui
suit un bon repas quand il entendit du bruit dans la cheminée...
— « Voyons, voyons », se dit-il. Et il allume la chandelle. La
crémaillère remuait. — « N'y a pas de vent pourtant et il en fau-
drait un rude pour faire bouger cette machine-là. » Il repose sa
tête sur l'oreiller... Mais voilà qu'une main velue et crochue
traverse tout près de lui la muraille : « A la bonne heure, dit-il,
j'ai une chandelle, mais point de chandelier. Tu vas me servir
de *bégâs...* Allons, tiens le flambeau ! » Et la main se referme sur
la chandelle. Puis, c'est dans l'âtre un diablotin, vilain comme
un singe et comme lui grimaçant, qui regardait partout. — « Tu
n'as donc rien à faire, toi, dit Pimpernelle ; décrotte mes souliers.
Le diablotin allonge ses lippes, se gratte la tête, ronchonne et se

met à l'ouvrage. Un autre montre sa hideuse frimousse dans un trou de suie. — « Toi, sors du trou, et bourre ma pipe, v'là du du tabac. »

« Et le farfadet bourre et bourre, que je te bourre, comme s'il n'avait fait que bourrer des pipes toute sa vie. Un autre dégringole du haut de la cheminée et par la queue se suspend à la crémaillère. — « Toi, pendant que je vais fumer ma bouffarde, chante-moi une chanson. » Et tandis qu'il braillait, voici, le long de la crémaillère qui s'agitait avec un bruit d'enfer, toute une enfilade de démons... « C'est bon, c'est bon, dit Pimpernelle ; attendez que j'aie fini ma pipe... » Et quand la pipe fut éteinte : « Tous dans mon sac ! Demain vous serez hachés menu, comme chair à pâté... » Puis la chandelle soufflée, il s'endort.

« Lorsqu'il se réveilla, du soleil plein la chambre, les diables remuaient comme un cent de hannetons dans le sac. François Houssin et sa femme, en le revoyant, non seulement en vie, mais plus gai encore que la veille et plus gaillard, n'en croyaient pas leurs yeux. — « Venez avec moi, leur dit-il, chez le maréchal... » Et sur l'enclume il dépose son sac. — « Hardi, les gâs ! A coups de marteau, à tour de bras, tapons là-dessus. »

« Si les diables juraient, hurlaient, tempêtaient, je vous le laisse à penser. Quand on ouvrit le sac, une épaisse fumée, et puante, remplit la forge...

« Et v'là l'histoire de Pimpernelle, et je n'en sais pas plus long, sinon qu'ayant oublié d'enfermer la mort en son sac, il mourut à son tour.

« Dans l'autre monde, son sac sur l'épaule, Pimpernelle s'en va tout droit au paradis et heurte à la porte. Dans le beau vieillard à barbe blanche qui entr'ouvre l'huis, il a tout de suite reconnu saint Pierre, l'un des compagnons du Sauveur sur le chemin de Granville à Villedieu. Et poliment et humblement il sollicite un billet d'entrée. Saint Pierre lui rappelle qu'il n'avait pas opté, dans le temps, pour le paradis. « Je le regrette, ajouta-t-il, car vous fûtes compatissant aux malheureux. » Pimpernelle cogne alors à la porte de l'enfer, par curiosité de vieux soldat sans doute plutôt que par envie. Mais du premier regard on le reconnut, on reconnut aussi le sac, et ce furent des cris d'épouvante. La porte fut bientôt refermée et cadenassée. Pimpernelle retourne au paradis, plein de confiance en la bonté du Seigneur Dieu. Le vénérable porte-clefs, en le revoyant, lui dit : « Un bienfait n'est jamais perdu, Pimpernelle. Je vais entrebailler la porte et vous jetterez un coup d'œil dans la maison de Dieu... » Ce n'est pas un coup d'œil seulement qu'y jeta Pimpernelle, mais son sac : « Seigneur, dit-il, je veux être dans mon sac ! »

« Ainsi le bon soldat charitable entra au Paradis.

« Et tui tui, et tui tui, mon conte est fini. »

XIII

Que tristement sonnent les cloches de Cuves sur la rivière ! Toute la soirée on a *tiré des larmes*. C'est l'expression touchante du pays pour dire qu'on a tinté le glas. Le bon curé vient de mourir. Il était né dans la paroisse. Il y avait été, sitôt prêtre, nommé vicaire avec son oncle qui en était le curé, et à la mort de son oncle il lui succéda. On me raconte qu'il est mort sans maladie. La veille même, hier, à un vicaire de Saint-Pois qui était venu le voir, il disait : « J'ai le corps sain comme cette timbale... » Et il la faisait résonner. « Je n'ai point de souffrance. Si je pouvais me tenir sur mes jambes, je dirais encore la messe, même la grand'messe, et chanterais la préface comme il y a vingt ans ! Écoutez-moi, mon petit abbé... » Et le bon vieillard entonne l'*Ave maris stella*. Vers la fin : *ut, videntes Jesum, semper collætemur*, il s'arrêta... respira plus fortement... C'était son dernier souffle... Il voyait Jésus.

Le custos de Cuves qui est venu prévenir du décès M. le curé des Cresnays, est entré en passant et il m'a raconté que, depuis longtemps, aux dimanches de l'Avent et du Carême, le bon M. Bunel prêchait les mêmes sermons, si bien que les vieilles gens les savaient par cœur. Un jour il venait de donner son texte : *Nisi pœnitentiam egeritis, similiter omnes peribitis ;* un paysan, assis sous la chaire, traduit tout haut : « *Si vous ne faites pénitence, vous périrez tous...* Y en a pour trois quarts d'heure. »

On l'aimait bien, encore que par suite de l'acoutumance on lui manquât quelquefois de respect ; mais il ne semblait point s'en apercevoir. Il avait baptisé, catéchisé, marié presque toute sa paroisse. Il tutoyait à peu près tout le monde. On le regrettera.

XIV

L'autre jour je suis entré à l'église à une heure où personne n'y va d'ordinaire : j'avais un besoin pressant du bon Dieu. Qu'ai-je vu, ma mignonne ? M. l'abbé Pierre R., le cher sous-diacre de la paroisse, séminariste en vacances, qui frottait, frottait et faisait *reluiser*, comme disent nos bonnes gens, les marches de l'autel. Je n'ai pu sans doute retenir quelque marque d'étonnement ; car il m'aborde en souriant et me dit : « Notre pauvre custos n'a point le temps, Mademoiselle, et moi je n'ai rien de mieux à faire... Comment va votre petit Jean ? Comme il sert bien la messe ! Je prends, des fois, sa place ; mais je ne la prendrai pas souvent, car il paraît si heureux de servir à l'autel !... Ne pensez-vous pas, Mademoiselle, qu'il y montera un jour ? — Dieu vous entende, Monsieur l'abbé !... Et qu'il marche sur vos traces ! » Toute la brume que j'avais sur l'âme s'est dissipée comme par enchantement. J'ai pris ma ligne, et fait bonne pêche.

XV

Oui, tous les matins, petit Jean sert la messe. — « Comme un ange », dit la Sœur. Les dimanches, c'est lui qui balance l'encensoir devant l'autel. — « Comme un mage », dit M. le curé. Avec sa calotte rouge, sa collerette rouge, son ruban rouge, ses souliers rouges et son aube blanche, il est grave. — « Comme un cardinal », disait M. le doyen de **Brécey** qui était venu officier pour notre fête patronale, la Saint-Pierre. Il est convenu que M. le curé va lui **donner** des leçons de latin et qu'en un an ou deux il le fera **entrer** au Petit Séminaire de l'Abbaye-Blanche. Jeannot **en** rêve déjà la nuit, et j'imagine qu'au ciel sa pauvre mère **en** a des extases...

Le bon Dieu, quand il verra qu'on lui prépare un prêtre, me fera prendre encore plus de poisson. Je tendrai des lignes dormantes tous les soirs et même des courçons aux bons endroits que le grand Émile m'a montrés et, sans crainte des rosées qui, la nuit, détrempent les prairies et des fraîcheurs qui, le matin, montent de la rivière, je serai debout dès l'aube pour les lever. D'ailleurs l'Artiste m'a fait une promesse : « Si ce petit agneau blanc, m'a-t-il dit, veut entrer dans le bercail du bon Dieu, nous aurons soin que sa crèche ne soit pas vide... »

Douze ans plus tard.

Ah ! douce revenante, je suis vieille maintenant, mais si heureuse !... En ai-je pris des truites ! En ai-je fait des prières pour mes petits !... Toi aussi, tu as prié, n'est-ce pas ?... Et le bon Dieu a tout béni...

Jeanne vient d'épouser un bon garçon, l'un des chantres de la paroisse, fermier à la Chèvrerie... Et mon Jean, lui, a fait ses fiançailles... Il est sous-diacre...

Quel dommage que l'Artiste n'ait pas attendu au moins ce beau jour pour mourir ! Il aimait tant mon cher abbé !

M'a dit le grand Émile, aujourd'hui juge de paix à Avranches : « A sa première messe, Marie-Marthe, je viendrai, je chanterai... »

Et si tu savais comme il chante !... Viens aussi, toi, ma fauvette... Nous chanterons tous !... Quel Te Deum !

Ta vieille amie,

MARIE-MARTHE.

LA CHAPELLE-MONTLIGEON (ORNE). — IMP. DE MONTLIGEON. — 4806-1-13.

OUVRAGES DE M. LE CHANOINE VAUDON